잠이 달콤하였다

잠이 달콤하였다

정혜옥

현대시학시인선 133

ㅎ | ㅅ

정혜옥

전남 곡성 출생.
광주대학교 대학원 문예창작학과 졸업.
2002년 《시와사람》으로 등단.
시집 『돌 속에는 파도가 산다』
『불러 세우다』『성모의 발길』이 있음.

jade_1101@naver.com

⁑ 시인의 말

자연의 숨소리에
귀를 세우고

늘 새벽을 듣는 마음으로
시를 서성이겠지만
그와 하나가 되는 길은
여전히 저만큼이다.

그러나 아름다운 당신들이 있어서
나는 시 곁에 서 있다.

차례

2부

3부

4부

⁑ 해설

슬그머니, 타자들과 함께하는 마음의 향연 | 이성천(문학평론가 · 경희대 교수)

1부

'함께' 라는 말

하지감자가 햇볕을 들이키느라
밭두렁이 술렁인다

숭숭 바람이 든
부스스한 흙을 북돋으며
마음도 함께 슬그머니 묻었더니

'함께'라는 슬그머니가 마음에 들었는지

하지夏至 속눈썹 제일 긴 뜨거운 날에
소금땀방울로 빚은
조랑조랑 흰 살 뿌리알들이 듬뿍 내게로 왔다

햇볕 쥐어짜는 여름 한낮이었다

수풀에 들어

수풀은 흐르네
물관부에서 물 오르내리는 소리로 흐르네
음표 쌓아 청춘을 노래하며 흐르네

심지에 핏발 세우고 우듬지 여는 중이네
겨울 계단에서 오르는 발자욱이 봄을 터트리는 중이네

어디서든 돌고 흐르고
바람이 일어서 무리무리 되는 거
숲이 일렁이는 거
내가 그 사잇길에 서 있는 거

너는 혼자가 아니라고 일깨워주는 아버지처럼

내 마음 끝에서 움트는 새순 소리도 섞여 흐르네

씨앗별

새벽하늘에 통통 별들 행군
빛발 퉁기는 걸 보니
오늘은 별밭을 일구려나 봅니다

며칠째,
강마르거나 질척이거나
헤매다 포기하다 곡괭이마저 내던진 하늘
흐린 마음 거두고

별들에게 오늘 고랑밭 내놓으려나 봅니다

고랑밭에 씨앗별 심겨지면
오병이어* 기적으로 별알곡들 아름아름 열리겠지요

우리도 빛 망토 두른
자식도 빛나는, 하늘에 총총 빛나는 별들이지요

아버지 미간 주름이 길러낸 별
어머니 열무 단 묶어 길러낸 별들이지요

시고 달디단 가을 길 밝히는,

* 예수께서 떡 다섯 개와 물고기 두 마리로 오천 명을 먹였다는 기적의 말씀.

나목의 뼈도 그늘이 있다

나목의 뼈도 그늘이 있다
엉긴 뼈들이 한숨 돌리는 시간

숨소리 뿌리로 내려 바람으로 흔들릴 때

한 발 한 발 딛는 겨울 오르막

조각볕이 시간의 모퉁이 돌다가 슬몃 들러간다지만

그늘은 늘 갈증을 앓고
갈증 한 겹씩 분진粉塵 되어 흩어지면

웅숭깊은 그 자리에
더 깊은 목마름의 시간들 부르트다 간혹 들키지만

겨울울음 견디게 하는 것은

봄 온기에 나비 다가와

알 슬 것을 믿고 있기 때문이지

순홍색 숨소리가 뜨거웠네

한겨울 구례 산동 가로수 길
적멸 속 순홍색 숨소리가 뜨거웠네

사계절 한 몸에 품고 있는
산수유나무는 태양을 통째 싸안고 늠름하네

매달린 열매들은 마른 젖꼭지 물고 내내 수유 중이고
노란 꽃봄은 아직 엄마의 자궁 안에 은거중이네

끝내 떨어지지 않겠다는 목숨 내건 빨간 꼭지의 다짐들

꾹, 짜내면 핏물 젖은 진액 한 방울
대지를 흥건히 적실 것이네

산수유 붉은 숨길
산동길에 그을음 없는 호롱 켜고

눈 쌓인 담장 너머에 있는
봄 고삐 꼭 쥐고 있네

잠이 달콤하였다*

시간의 섬유질 얼키설키 짜는 매미 떼
설설 끓는 여름 들판에 울음소나기 퍼붓는다
매미 울음에 뒤섞인 나도
세상사 들끓는 누각 한 채 붙들고 허우적이는데
울음소리 잦아지는 잠시 졸음이 나를 휘감는다

매미의 필사적 우화 찰나에 티끌 되는 거
기세등등한 나도 그들이나 다를 바 없는 거

언제쯤 뼛속까지 새길 건지 깨달음의 경종 비몽사몽이다

배반의 부랑아였던 유다를
새 계약 베풀어 배불리 먹이겠다는
예레미야*에게 내린 주님의 말씀 중
"깨어나 보니 잠이 달콤하였다"라고 한,

말씀으로 지은 그분의 집에서
문명의 그림자 내려놓고 잠시 혼곤한 잠속에 빠져 봤으면

* 성경 : 예레미아서 31장 26절 말씀 중에서 따옴.

묵묵부답 묻어놓고

한 번쯤 자리 옮겨
마른 땅에 마음 한 꼭지라도 펼치고 싶었을,

구례 백무동 한신계곡
거침없이 내리쏟는 물살
등허리로 받아주는 골짝의 돌바위들

불구의 생이라고 주저리주저리 되뇌던
고독의 큰 물소리 묵묵부답 묻어놓고

모는 닳고
몸빛은 삭아서
희디흰 빛으로 선사가 되어
위풍당당 눈부셔 눈이 부셔

물 불어 찰방거리는 봄날 오면

서로 안고 말갛게 웃어보자고 돌돌돌 여전하신

나는 당신 돌문 앞에 쪼그려 앉을 거예요.
침묵의 큰 물소리에 온몸 젖을 때까지

과녁에 빈 화살 걸어보는

느티의 봄은 도금마을에 훌쩍 와 있지

갓 생겨난 풋풋한 잎들은
마알간 입김으로 연두비린내 몰고 와

도금마을 새벽 일으켜 장수를 약속하고
뜬구름도 아름드리 느티 정자에 넋을 내려놓고

계절 매듭 건너서 칠백여년 뚜벅뚜벅 디뎌온
안락한 뿌리 내공에 기대
연두는 쑥쑥 키를 재고
바람에 깃들어 눈 씻고 하늘길 오가고

청정한 네 가슴
조인 목 깁스 헐겁게 하는 그곳에 들어서
느티의 새싹이나 되고 싶어

시도 때도 없이 설레고 싶은 마음 알까

닿지 않는 과녁에 빈 화살 걸어보는 마음 너는 알까

붉은 탄성

동장군도 남천 앞에서는 칼을 내리지

더는 오를 수 없는 겨울 끝자락 붙들고
아궁이불 활활 열어 제치는 남천

햇살가시에 찔린 채
먼 산 부딪쳐 되울려오는 붉은 탄성

서리옷 입고 핏발 세우는 위세에 눌려
얼음 허공도 성큼 길을 비켜서지

버얼건 몸
제 살 다 털어낼 때까지
남쪽 고향의 꿈 바스라져 뼈만 남을 때까지

한겨울 내내 화엄 탑 쌓고 있는 남천

몸은 타향 먼 땅에 뿌리 내렸지만

마음은 늘 남쪽 하늘을 품고 있을 터

그 남천에게 안부를!

내게도 결이 되어

돌아가는 길목 외진 남해포구
갈매기 한 마리 발을 건다

만삭의 시간 비워낸 굴껍질들
배가 등이 된 허방에 바람의 날개 오싹하다

낮과 밤이 뭉개진 가장자리
지는 해가 옆구리 한 귀퉁이 내어주는

어둠에 젖는 지친 포구
갈매기가 물어 나르는 수평선 먼 소식에 귀를 기울인다

바람그늘 오가는 가난한 포구의 밤

내일의 첫 장 미리 셈하는
갯가 미물들의 박동이
내게도 결이 되어 소소한 물비늘 퍼득인다

잔가지들의 수화

고흥군 포두마을 쉼터에 느티나무 열다섯 그루
와, 삼백 오십년 묵은 뿌리덩치가 오금 저리게 하네요

가을 늦바람 따라 갯내음도 들락날락하는데요

내장 다 헐어낸 우듬지 잔가지들의 수화는 영원히 영혼을 지킬 거라는 그들만의 밀어가 담긴 만추의 오케스트라지요

낙엽들은 제 뿌리 찾아 쌓이고 쌓이는데요
수수깡다리 같은 내 가슴도 느티 그늘에서 서늘한 뒷모습 바라보며 궁여窮餘를 가늠해보는데요

동지冬至의 한 자리 차지하려면
마냥 늦장 부릴 수만은 없는 거라고

낙엽 쓸어가는 찬바람이 애면글면 가을 등을 떠밀고 있네요

뼈대가 야윈다

이른 봄 키다리 영산홍 한 그루
수년 된 빈집 주인인 양
온 몸 꽃불 피워 모퉁잇돌 환하다
행여 온기 남아있나
창 안 들여다보는 눈빛웅덩이가 깊다

하늘볕 그러모아 토방에 뿌리고
봄바람 불러와 지붕먼지 쓸어낸다
집안 까닭 낱낱 새기며 동고동락했을 영산홍
헐어져가는 빈집 일으키려 뼈대가 야윈다

한동안 집 비운
가장의 금의환향 기다리는 듯
홀로 고고한 빈집의 반려

몇 번의 생이 흘러도

그 집에 뿌리내리겠다고

오늘도 영산홍은 쓸고 닦고 빈 창문을 밝힌다

연신 뒤진다

편백나무 꼭대기에 어치새 한 마리
모둠발이 꼭짓점이다

뿌리의 낱말에 귀 기울인 듯
새의 꼬리는 갸웃거리고

여명 쪼아 올려
편백 그루터기에 쏟는 날갯짓이
바람의 혈맥血脈이라는 것을
새는 아는데

새벽 햇살도 몸이 마를 때까지
나무들에게 젖줄 댄다는 것을
새는 아는데

내 생활의 누수漏水는 물길을 잡았는지

알토란같은 구근은 생겨나고 있는지

소등된 뿌리에 엉긴 보푸라기들 연신 뒤진다

2부

자연 속의 코러스

허리 꺾이는 어스름 산골 오동 그늘인데요

시든 오동꽃잎 관능 아직 살아서 보라향기 그윽하고요

마알간 한지 입은 반쪽 흰 달은
하늘 기미幾微 깨치려고 우아하니 귀를 세우고요

그 둘 여정에 끼어서 나는 나를 돌아보는데요

갓길 삶도 향기 남아 있나 헤집어보고요
정처 잃은 마음도 반듯 세워 우아에 깃들어보고요

산골바람이 귓불 잡아당기며,

우리는 한 우주에 발 담근
자연 속의 코러스라고 내 등을 툭, 치고 지나가네요

망초에게 물었어요

묵정밭 망초에게 물었어요

오월 찬란한 꽃철에 들지 않고
비탈진 염천에 작은 꽃망울로 무리지어 피는 까닭을요

서로 뭇별로 울타리 없이 한 식솔 되는 거
우리에겐 들뜬 축복이거니, 라고 웃네요

제 자리 살며시 비껴 앉으며 쉬어가라고 고요멍석 깔아주네요

햇살 입고 바람 한 몸 되어 굽은 등 폈으니
남루도 나름 길 익혀가는 거라네요

바닥을 쳐도 더 떨어질 곳 없는
낮아질수록 잘 익은 땅내 물씬 솟는 곳

전갈에 물린 허공도 편히 내려앉는 환한 한나절이네요

새끼발가락에 음계 하나

한 꼬집 돌담 사이

애기똥풀 한 포기

떡잎이 쓰윽,

이마 내밀어 노란 스위치를 켜네

너는 돌의 심장도 두근거리게 하는구나

구슬땀이 연두 빛어

노란 똥 닮은

애기 한 송이 끙, 피워 올리려고

바람은

햇살은

대지의 중심에 너를 묶어

북돋아

삐져나온 네 새끼발가락에 음계 하나 올려놓으려고

몸을 뿌리째 굽히고
조아려

내벽을 딛고
— 새만금

복근腹筋 잘려버린 바다
허리 어디쯤에서 몸 뒤집는 통증 절절하다

망망대해 가슴팍에 파인 협곡을 날고 싶은지

바닷바람에 쓸려 허물어져도
상처 난 내벽內壁을 딛고 또다시 일어서는
모래톱의 맨발 함성이 등골을 친다

모세혈관 끝자리까지 끌어들여
바다 위로 쑤욱,
어깨 들어 올리는 몸부림이 바람에 휘고

흙바람 껴입는 세細모래들
순리의 깃발 하늘에 꽂는다

누가 막을 수 있겠냐고

바다의 목덜미에 핏발 툭툭 불거진다

발그레 상기된 강구항

목청 높은 파도소리 아닌
강구항 바다 잔물결소리 한 번 들어봐요
넘실거리는 잔소리 귀 여겨 들어봐요

잔망스런 파도 혀끝이
게 등딱지를 씌우고
게 알 품고 있는 뱃살 조물조물 어루만져

영덕대게 우주 안에 들어앉힌다는 걸 알거에요
잔물결도 어리어리 애틋한 사잇길 있다는 걸요

잘 익은 노을 속에서 영덕대게는 더 발그레 상기되고요

노을도 게 한 마리 꿀꺽 삼키다가
툭 터진 게 알에 물들었는지 벌겋게 달아올라

저무는 서편에 낭창낭창 만취의 돗자리를 펴네요

달 위에 띄우면

한려의 숨결 모여드는 달아*에 가면
통영의 알몸 굼실굼실하지

섬들이 섬섬 모여
전선의 대장군 위세 떨치던 바다
코끼리 잇빨 매단 깃발의 환호가 하늘을 끌어내리지

파도로도 내치지 못하는 굴껍질 뒤집어쓰고
안으로 통통 여무는 통영

달아가 모아들여 휘엉청 둥그런 달 위에 띄우면
남해는 석양을 띠처럼 두른 채

굴향으로 어우러진 통영을 싸안고
한바탕 얼쑤 얼쑤 잔치를 벌이지

* 통영시에 있는 달아공원. 달아라는 이름은 이 곳 지형이 코끼리 어금니와 닮았다고 해서 붙여짐.

흔들려봐야겠네

너른 극락강에 가을강물 일어서네

강물에 머리 감은 갈바람이
젖은 몸으로 깃 세우고
우리 집 문전까지 다가왔네

따라가봐야겠네
억새 실오라기들
은빛 쓸어내리는 극락강변에

마음 풀어헤쳐 억새처럼 흔들려봐야겠네
그들의 속내 헐어서
내 시간그물에 엮어봐야겠네

긴 그림자 드리울 때까지 노을에 흠씬 빠져봐야겠네

바다를 하늘에 띄운다

밀려드는 그을음이 바다를 삼키려든다

바다 밑장 들추려는 듯
돛배 한 척 내장 가르며 그의 한 가운데로 떠간다

파도도 맥을 놓는 바다
뒤집혀야 피돌기가 되는 바다

태풍의 눈은 어디에서 배회 할까

뱃머리는 속 알 없는 바람에 씻겨 멀미를 하고
소금에 절인 삿대는 풍랑을 밀며 밀며

옥죄어 오는 바다를 끙, 들었다 내려놓는다

오늘도 돛배는 아가리 채 바다를 하늘에 띄운다

찬 뼈 보듬고

무안 공항 뒷길 억새떼는
바람의 혈맥으로 비행기의 이륙을 듣습니다

그들도 시발음이나 실오라기 연기여도 좋을
살아온 날의 지문 하늘가 어디라도 남기고 싶습니다

어스름 밀려드는 시간이 되면
바람의 한 목소리로

시린 발목 만지작거리며
어둠은 이제 쓸쓸하다고 투정입니다

들판에서 무더기 무더기로 어깨가 가지런하면서도

찬 뼈 보듬고
혼자여서 외롭다고
혼자여서 등이 시리다고 두런두런입니다

가시관 쓴 보리하늘

쨍한 햇살 찰랑이는 못물 곁에
한 뼘 밭뙈기
추수되지 않은 보리가 누렇게 익었구나
몸 져 쓰러진 자리 풍상이 훑고 갔구나
붉은 눈물 굽이굽이 헤집고 나왔을 저 보리 지스러기

— 청상으로 유복자 아들 데리고 시집살이 맵게 하던 시어머니, 보릿가시 찔린 듯 가슴 아렸다던 굶주림의 덫 거기 못 박혀 있었구나

보리가 익었네
쓰러져서도 고개 빳빳이 쳐든 채
머리에 가시관 쓴 보리하늘이 익었네
앙상한 생의 뒤란에서
아들 하나 알토란으로 키워 낸 우리 시어머니처럼
제 알갱이 잘도 익혀냈네

궁금했다

고갯길 너머가 궁금했다

샛길 가는 대로 따라가 봤더니 내리막,
손바닥 만 한 밭이랑에 쪽파가 식솔 거느리고

뻐대도 없는 잎대궁 지렛대 삼아
머리에 얹고 있는
알알꽃관이 눈부시다

당당하게 하늘 맞바라보는
말씀 품은 씨알들
햇살 궁전에서 옹골지게 여무는

비바람에 넘어진 쪽파대궁 몇 잎 모셔왔다

난전에서 햇빛, 바람, 비구름과 엉켜 산

네 눈 속의 얼룩 함께 지워보자고

조곤조곤 다독이면서

가을비가 가을에게

적막이 길 잃고 몸을 뒤챈다

먼 길 돌아온 가을비가 가을에게 스미는 밤

자박자박 다가와 문지방에 서 있는 그에게

가을아,
부르다 목이 멘다

겨울을 서두르는 낯빛이 창백하구나
열매였을 때를 돌아보는 노산의 뒷모습처럼

남긴 발자국에 핏물 서리는 가을 아프고 곱다

때를 기다리는 마음에 가시가 돋고
가시가 침이 되어 고름을 삭이는

적막이 감은 눈을 뜨는 그때가

마음 생기는 그때라고 가을비가 가을에게 넌지시,

목련차

마른 목련 한 송이
기다리던 한 소식처럼 내게 왔네

말리는 것은 쌓아두는 것

세 번이나 우려 마신 목련
물 비우려고 유리다관 기울이는데
꽃 받침대에 잔잔히 묵힌 야생의 향
첫 모습으로 다시 피어났네

내장사 옆길에서
목련 달빛에 흠뻑 젖은 적 있네
그들 처연한 황홀을 다발로 묶어
마음다락에 켜켜 쟁여두다가
문득 한 다발씩 꺼내 그 길에 서 보곤 하는데

목련도 목이 말라

내 그늘을 찾아온 건지

한여름 차실이 온통 사월의 목련향으로 들뜨네

누구세요?

— 공중전화 부스에서 울컥

소년은 오늘도
외진 공중전화 부스를 찾아가
동전 떨어지는 소리 쨍그랑,
귀담아 듣네

엄마 가신지 몇 달이나 지난 전화번호 꾹꾹 눌러
걸고 끊고, 걸고 끊고

수신되지 않는 적막이 몟장으로 쌓여 울컥,

몇몇일 지났을까 문득,

수화기 놓고 귀를 의심했네
누구세요?
낯선 목소리가 귓전에 머물러

전화번호는 바뀌어 엄마와 연결고리는 뚝, 끊기고

소년은

공중전화 부스에게 내일 없는 눈인사를 했네

부스의 문이 깜깜한 어둠처럼 내려앉네

3부

제각기 바쁘다

사각,
사과 한 입 베어 무는 듯한
풋새벽

층층나무는 층 층 꽃 피우려고
안개 걷어 새벽을 말아 올리고

울음물길 닦는 황소개구리는
쉰 목소리로 하늘 사다리에 물 불린 발을 올리고

누구나 결석結石 하나쯤 갈비뼈 사이에
치석처럼 끼고 산다는 것을
풋새벽은 알 턱 없지만

피고
울고

외길 더듬는 것은

하루의 이마를 씻는 일이라고
새 귀를 여는 일이라고

제각기 바쁘다

허물 성전

매미가 여름 물레를 잣습니다

울음 봇물 한소끔 쏟아냅니다

고난길 정점으로 치닫는 그도
제 구원길 위한 막바지 안간힘입니다

땅그늘 벗어나 겨우 며칠
집도 없이 나무등걸에 엉겨 지내다가
마지막 짝짓기로 알을 쏟고
짧은 생,
허물 성전 한 채 남겨두고 떠납니다

텅 빈 허물 성전에
절인 소금 같은 여름빛 가득 차오릅니다

소란이 일고

은목서 향기에 취해 마구잡이 고개 들이밀다
이마에 가시 봉변을 당했다

꽃 한 잎 눈 뜰 때마다 허공도 함께 떨었을
동아줄 끌어매고 풍랑 거슬러왔을

하늘도 내려앉은 그 길
아랑곳없이 곁들려고만 한 내 욕심
은목서는 알아 챈 것이지요

누구의 발신자 없는 전언일까요
이 돌덩이 들썩이는 소름은

시원에 닿는 귀갓길은 까마득하고
향기에 묻혀 기웃대는 마음엔 소란이 일고

틈

냉동실 성에도 저물 때가 있지

어두움이 깊어질 때까지
이슬 길 지나 얼음돌이 될 때까지
틈을 내주지 않으면 길이 없지

길 아닌 길에 서서 맥박이 가물가물하면
목청 돋워 가르릉 소리를 낼 수 밖에 없다는 걸

그는 생각한다

그의 냉기가 이슬로 피어나
제 몫을 다 해냈을 때를

거듭되는 질문으로
다시 이슬꽃 피우려면

스스로 부서져내릴 때까지
바람의 물레에 몸을 얹어주어야 한다는 걸

틈이 생겨 얼음덩어리가 녹기를 기다려줘야 한다는 걸
갸르릉 소리로 그는 응답한다

시, 성장통

시는 내게 젖먹이 때부터 와 있었을 거야
발자국 남기지 않았지만
무감각이 수없이 그를 놓쳤겠지만

엄마는 자취 없고
고개 숙인 해바라기 되어 갈팡질팡 소녀적
한 오라기 시의 불길 피어올랐던

무리등꽃처럼 피어난 시의 성장통

차돌처럼 만지작거렸던 들뜸은 지금 어디
비늘 돋아 반짝이던 봄꿈의 갈래바람은 또 어디

무딘 감정의 손사래는 내 미래의 헐거운 아픔이지만
오라기 하나로도 위안일 너의 기척이었겠지만

멀어졌다한들 설마 허방이었을라고

제 텃밭도 모르고

제주 바닷가 바람받이 돌담아래
휘청이는 돌갓 몇 폭
제 텃밭도 모르고 곧추서서 건정건정

줄기마다 먹보라 피멍 퉁겨나는 줄도 모르고
꽃피우는 날까지
알갱이 여무는 날까지

이것이 홀로 서야 하는
씨줄 날줄 한 필씩 말아가는 제 일생이라고

칼 든 살풀이 무당처럼 제 몸에 회를 치는

마라도의 파도 일구는 돌갓 궁시렁 넋두리가
거친 바람깃 돛처럼 매달고

제주 해녀의 물질 쑤욱 쑥, 길어 올린다

겨울 화폭

굵은 눈발 겨울 화폭을 펼치네

쌓인 눈은 마른 대지 위에 흰 모포를 깔아주는데

나뭇가지 눈꽃은 얼음환희 피워 올리고
푸른 솔잎 채반은 눈송이 송이 보듬어 안네

세상은 축복 속에 잠기는데
눈보라 속 헐렁한 고무줄바지 입고
어른어른 다가오는 저 아낙은 누구이신가

쌀푸대 머리에 이고
시오리길 장터에 다녀오는 내 어머니의 옛날 아니신가

호호백발 사실 것처럼 눈보라 헤치며 사시다가
젊은 나이에 겨를 없이

홀연 가신

눈길 멈추면 발자국도 멈추고
내 안 깊숙이 낡은 고무줄바지는 펄럭이고

어둠 속을 걸을 때

어둠 속을 걸을 때
길 끝에 서 있을 때 눈이 더 밝아지지요
그루터기로 남은 아버지 목소리가 내게 온 것처럼

아버지가 등대라고 바람은 몸으로 말해요

소낙비 몰고 왔다가
젖은 땅 말리다가
덜 익은 알맹이에게 햇살 물리다가

궁리에 궁리 중
오돌토돌 호두처럼 단단한 열매를 맺게 한다는 걸요

소요騷擾의 늪에서 혼자 어두워질 때
난바다 등대인 아버지가 새벽별자리 쥐어주면

바람의 열매처럼

차오른 울음 한 켠에 밀치고 불끈 일어서지요

옷 짓는 시인

마음은 심장의 본을 뜨고
심장은 마음의 본을 뜬다

그녀는 저도 모르는 먼 데 향해
한 초침 뗄 때마다 시간을 일깨우고
길어나는 석순모서리 수없이 잘라낸다

산언덕 억새바람 데리고 와 날개 달고
바다 한 귀퉁이 쓰윽 베어다 치마폭 잇는다

맨몸에 일물일어一物一語 문장 입히면 오롯이 살아나는
시의 집 한 채

옷 짓는 시인은 오늘도
바람 이는 서툰 길목에서
끊임없는 시간의 퍼즐 내일의 게시판에 올려놓는다

담쟁이의 하루

핏발 한 줄기 암벽을 탄다
끝이 어딘지 생각할 겨를 없다
한 눈 팔다가는 경각에 나뒹군다
낮에는 땡볕 감아 돌고
밤에는 나침판도 없는 첩첩 동굴이다
모래바람은 도도한 암벽에서
담쟁이의 하루를 벌겋게 태운다

벌건 멍이 사무쳐서 익은 삶이 되기까지
돌담보다 더 거센 발톱을 세워야 한다
그 속마음 따라가 며칠을 살다보니
내 웃자란 껍데기에
회초리 긋고 간 자국 선명하다
오늘도 치유되지 않는 한페이지를 넘긴다

왜가리는 왜?

새벽 호수 눈 뜨는 시간 왜가리 한 마리
쩌억, 허공에 금을 긋네

다리 쭈욱 뻗고 공중선회 하는데
다른 왜가리 한 마리 불쑥 다가드네

제 짝인가?
두 마리 나란히 하늘 껴안고 한 바퀴 빙 돌더니
잿빛 구름 속으로 속절없이 사라져버리는 한 마리

제 짝이 아닌가?
호숫가 모서리에 못 박듯 내려선 외짝 왜가리

혼자가 된 고립을 헤아리는지
등 돌린 이의 언저리를 배회하는지
목울대 넘나드는 왜가리의 파도울음소리

새벽 능선을 넘는데

어디서 응시했을까
불현듯,

연민을 보듬고 온 바람 한 줄기
왜가리 날개 부추겨 허공 길 여네

다이아몬드 캐는 아이들

200미터 지하 검은 구렁은 아이들에게 한 줄기 오아시스다
건기 휘도는 여름 증기 뒤집어쓰고 낮에는 시궁창 하수구에서 숨결 고르다가 밤이 되면 형광螢光 번득이는 붉은 황금색 거리를 찾아 나선다

가족에게서마저 버림받아 '악마'라는 닉네임 어깨에 견장처럼 매달고
구렁 막장에서 모래자갈 흔들어
다이아몬드라는 찰나의 삶을 채굴하는 아이들

저 홀로 가장이 되어 홍등가를 어슬렁거린다

광활한 중앙아프리카 콩고 음부지마이
구멍 숭숭 뚫린 가족의 붕괴가 사막 허허벌판 선인장 뿌리 가시로 솟구쳐 마른 대지를 찌른다
오로지 몸만 존재하는 아이들의 배고픈 영혼

민주 공화국의 심장에 겨누어보는 기아의 화살

그 과녁 통과할 수 있을까, 과연

그냥,

집착 꿀꺽 삼켜 봐요

침묵의 자물쇠 강가 미루나무에 걸어봐요

그리고 흐르는 바람을 입어 봐요

면벽하고 있는 내 침묵 두드리는

굽이져 흐르는 자갈 사이
우렁우렁 몸 부서지는 소리

저 독경 물소리!

그냥 가지!
빈 마음으로 그냥,

나는 거기에 묻혀

길을 잃어도 좋아요

누구든 쉬어가라고

만돌 마을* 언덕바지에
소나무 한 그루 의자 되어 앉아 있네
누구든 쉬어가라고

빠져나간 바닷물 한 식경 지나도록 감감무소식인데

날마다 때맞춰 돌아올 바닷물 목 빼어 기다리고

이젠 늙어서 나이 헤아리는 셈도 잃어버려
밀려오는 바닷바람에 거친 수염 야윈 줄도 모르고

햇볕도 바람도 허리 풀고 가라고
기다림도 쓸쓸함도 앉았다 가라고

날마다 바다와 숨 고르기하는
만돌 마을 품 넓은 소나무 의자는

오늘도 둘레둘레 마른 눈알을 굴리고

* 전북 고창군 심원면 만돌리에 있는 어촌 체험 마을.

4부

마루에게 묻는 아침

나무는 나이테가 심장이지
마루는 닦을수록 윤나고 나이테로 돋을새김하지

소리는 없고 뼈만 남은 마루에게 묻는 아침

빛은 간 데 없고 그늘로 앉은 내 무게의 나이테는
왼 종일 닦아도
녹슨 등 뒤에서 비명도 잃었네

이즈음에선 마당가 조팝 젖가슴도 만져보고
하늘가 추운 샛별에게 안녕도 헤아려보고

마루에 다소곳한 마음 얹어보는
뉘우침 빼곡한 하루
안개 걷힌 청정한 계곡물에 실려보내고

해찰 둘러 입고 느긋이

들녘 물복숭아라도 하나 따 먹으러 가면 안 될까

그녀의 등

잠시 쉬어가는 정읍역
플랫폼 긴 의자에 늙수그레한 아주머니 한 분
우두커니 철길 너머 빈 들녘 바라보네

그녀의 수척한 등 위로 겹겹 쌓인 적요가
오수를 펴고 졸듯

만추의 들녘이 거기에 있네
봄여름 가을 추수해서 자식들 업어 길러낸 등이네

텅 빈 젖가슴 보듬고 들녘 바라보는
그녀의 어룽눈빛 함께 태우고

기차는 출발하네

기다리는 피붙이라도 있는지……

그녀의 등은 가물가물 멀어지네

물꼬는 어디에

— 마른장마

눈 둘 곳 없는 하늘 물꼬는 어디에 있을까
고비에서 안절부절 못한다

갈라진 논밭에 물길 내고
대지에 푸른 숨소리 파종하고 싶다는데

두레박을 하늘샘에 거꾸로 띄워볼까
허공길 내는 나무 끝에 물뿌리개를 달아볼까

내리닫이 하늘 창 열고
퍼붓고 싶은 마중물은 턱없이 높아 오르다 말고
한줄기 소나기도 길이 없고

침 한 번 삼킬 틈 없는
빈 날갯짓만 부산한 마른 장마

소통은 벼랑으로 기울고
왼 종일 엇나가는 하늘계단만 오르내린다

순리의 옷은 저절로 생겨 이어지는 것이어서
저 혼자는 해도 달도 바람도 어찌할 수 없는 것이어서

어머니의 샛강

오늘 밤
어머니의 샛강에 홍수가 지려나

밤 내내 창문 뒤흔드는 장대 빗소리

젊은 어머니 하늘 문 두드리시던 날
땅에 꽂히던 장대 빗소리

그믐에 다다르지 못하고
물 어린 초승달로 서성이던
내 불면의 사춘기

나이 든 지금도 딸 가슴 가로지르는 봇도랑

오늘 밤
어머니의 샛강에 홍수가 지려나

나를 열어

오늘은 뭉클한 밀물이다

달빛도 없는 깜깜한 밤에
수다스런 바람결
어둠을 가닥가닥 들추는 걸 보니

문 바깥에서 서성이는 나를 열어
처녀림에서 싹튼 시 한 수 앞세워서
푸른 몇잎 싱싱하게 달아주려고

빗소리 후들후들 저리 창문 흔드는 걸 보니

한달음에 달려와
마른 불씨에 부싯돌 켜주려고

오늘은 돌꽃도 피어오르는 밀물이다

해탈문

꽃은 간데없고 잎만 무성한 백련사 동백 숲

— 나는 보지도 듣지도 못하는 청맹과니,

동백 숲 사잇길
해탈 해탈 주문 외우는 냇물소리가 허공길 더듬는다

대웅전 명부전 다 둘러보고 나오는 길
해탈문 지날 때 들었던
동박새 피울음소리 밤 지새울 모양이다

아직 해탈 길에 들어서지 못하는 동박새
꾸르륵 꾸욱꾸욱 해탈문에 매달려 낙루중인지
바닥에 선혈 낭자한
동백꽃 영혼 좇아 허둥대는 건지

그칠 낌새 보이지 않는 울음소리에

발목 잡힌 채 뒤돌아보는 나는 어디쯤에

텅 비어 가득한 집

피붙이 어른어른 하늘 맑은 곳
가난이 따뜻한 집

문고리는 여전히 거기 달랑이고 있지

민들레와 내 유년이 나란한 곳

울타리 너머 냇물소리 맑고
잠든 구석마다 달빛 스미고

낡은 멍석 한 자락씩 들추면
휴면休眠에 든 옛 얘기들 귀 번쩍 눈을 뜨지

연년생 자식들 기르느라 마를 새 없는 엄마 젖가슴 내음
달달 새콤한 다정이 고인

텅 비어 가득한 집

들바람 넘나드는 대문 활짝 열고

꿈길 찾아 꿈길로 어린 단잠에 들고 싶네

아버지와 맥주 한 잔

창문 두드리는 빗소리
온종일 깊고

가끔, 애틋한 딸에게
맥주 한 잔 하자, 하시던
당신 목소리
오늘,
내 안 마른 연못에 촉촉이 젖어오고

젖어와서 사무치지만
맥주 두 잔 채워 놓고 혼자 있지만

당신은 보고 계실는지
손닿을 수 없는 먼 그곳
거기서도 늦가을 찬 빗소리 듣고 계실는지

— 아버지

옛, 그때처럼

맥주 한 잔 하시게요

벽에 걸린 사진 속에서 지긋이 바라보며

눈빛으로 응답하시는 아버지

밤 고갯길

붕어빵 굽는 비닐 천막이 돌담 모퉁이에 들어섰다
노부부 생존의 마지막 눈 비벼 뜨는 잔여물이다

펄럭이는 비닐 덮개에 눈은 쌓이고 호객의 배불뚝이 붕어
들 구수한 냄새가 눈길 위 낙엽처럼 질펀하다

벌겋게 달아오른 조개탄 위에서 그들 막바지 바람막이
모퉁이의 여정 노을처럼 타들어간다

이젠, 자라지도 않는 무딘 슬픔의 두께가 한꺼풀씩 조개탄
불티로 흩날린다

힘줄 툭툭 불거진 할아버지 강마른 손놀림으로 길손들 푼
돈이 노부부 저녁녘에 잔殘밥으로 쌓이고

졸음 몰고 오는
시계의 초침 소리가 아스라이 밤 고갯길 넘는다

한발 한발 가다보면

때 늦은 찔레 한 송이
변산 해변가를 기어가네요

꽁무니도 보이지 않는
피붙이들의 기척 찾아 끈끈한 오체투지라니요?

우르르 쏴아 울부짖는 파도소리 귓바퀴에 달고
해변 어딘가에
이웃 하나쯤 기다린다는 걸 믿고 가는 거지요

한발 한발 가다보면
감자꽃 설핏 흰웃음 짓고요
옥수숫대 씩씩하게 대열 이루고요
바람 따라 햇살 따라 나직나직 가는 거지요

뒤따라가다 어디쯤에서 넘어지면
눈 부릅뜬 찔레 가시가 꺾인 내 무릎 세워주겠지요

뱃머리에 램프를 켜고

파도 소용돌이 속에서 목발을 본다

소나기 쏟아낸 먹구름은 몸을 헹구러 떠나고
물갈매기 떼 하늘 향해 솟구치는데
도둑맞은 마음길에 우두커니 앉아 있는 말기암 아내

젊은 아내 휠체어 붙잡고 있는
그냥 바라볼 수밖에 없는 속수무책을 짊어진
남편 손등에 푸른 정맥류가 가파르다

먼 바다 한가운데
닿을 곳 없는 행려처럼 배 한 척 떠가는데

태양의 닻이 뱃머리에 램프를 켜고
해저에 피어오르는 붉은 산호초 한 다발 길어올리면
운명의 무단침입 뭉개버릴 수 있을까

남편 뛰는 심장 초록신호등 켤 수 있을까

외길 하나 일어선다

아무도 들고 나지 못하는
엄마에게로 가는 그 길에 서면

그녀의 심장에 호젓한 외길 하나 일어선다

실어증이라는 매질에 등 돌려 사는 그녀

묘지 유리벽 속 엄마에게
새벽별 같은 마음 한 가닥 불러들이면
구불구불 생몰生歿의 문이 열리고
잃어버린 언어들 견인되어
석류알 터지듯 우루루 몰려나온다

오늘처럼 눈 내리는 날도 그나마 축복일까, 하고
묘지에서 돌아오는 그 길에 서서

엄마 미소를 스캔하고

부서지는 언어의 철자들

실어의 주머니에 하나하나 주워 담는다

엄마는 하,

휠체어에 앉아 천국문 한발로 밀고
치매와 암덩이 친구처럼 품고 있는 엄마

백발은 듬성듬성 한쪽 눈은 감긴 채
고개는 무지개 올려다보듯 하늘을 향하고
입은 하,

철없는 딸에게 하듯
마른입에 물병을 대주는 아들은
신을 향해 두 손 모았다

어머니에게 '천사'라는 이름을 달아주고 싶습니다, 라고
입속말로 되뇌이고

하고 싶은 말
듣고 싶은 말의 통로는

회전도로도 없는 갈림길에서 멍하니

우주를 내려놓는 갓난아기의 첫 모습으로
엄마는 하, 입을 벌리고

겨울 메타세콰이어

발걸음 가는대로 놔두세요
여백을 채워주는 일

가랑가랑 지는 끝물은 겨울 늦바람이 안고 가고요

몸 물 다 마르다

바삭, 불타올라
길 트이는 소리 들리지요

무게 떨군 영혼 깃만 남아
한 곳 향하는 기도손

모아서 하늘에 맡겨요

하늘과 맞닿은 시간
메타세콰이어가 숨길 여는 시간이지요

해설

⁑ 해설

슬그머니, 타자들과 함께하는 마음의 향연

이성천(문학평론가 · 경희대 교수)

1.

정혜옥의 새 시집『잠이 달콤하였다』는 서정시 장르의 기원적 성격을 다시금 생각하게 한다. 무엇보다 그의 시편들은 서정적 주체와 세계의 조응상태, 즉 인간과 자연과 우주적 사물의 경계가 사라진 지대를 지향하는 까닭이다. 새 시집이 인간 중심의 현대문명사회에서 한동안 '타자'의 자리에 놓여 있었던 자연 대상물을 꾸준하게 소환하면서도, 그들과의 소통에 막힘이 없는 원인도 이러한 사정에서 비롯된다. 시인 자신의 말마따나 이번에 정혜옥의 시편들은 자연의 영토에서 그들 타자의 목소리로 "우리는 한 우주에 발 담근/ 자연 속의 코러스"(「자연 속의 코러스」)를 선보이고 있다.

이로 인해 새 시집에는 자연 존재들에게 지속적으로 말을 걸거나 그들과의 상상적 대화를 시도하는 시인의 모습이 자주 목격된다. 예를 들어 "오월 찬란한 꽃철에 들지 않고/ 비탈진 염천에 작은 꽃망울로 무리지어 피는 까닭을" "묵정밭 망초에게"(「망초에게 물었어요」) 묻는 장면과 "고흥군 포두마을 쉼터에 느티나무 열다섯 그루" "내장 다 헐어낸 우듬지 잔가지들의 수화"(「잔가지들의 수화」)를 읽어내는 대목, 또한 "비바람에 넘어진 쪽파대궁 몇 잎"을 "난전에서 햇빛, 바람, 비구름과 엉켜 산/ 네 눈 속의 얼룩 함께 지워보자고/ 조곤조곤 다독이"(「궁금했다」)는 광경 등이 여기에 해당한다. 뿐만 아니라 "무안 공항 뒷길 억새떼"의 "혼자여서 외롭다고/ 혼자여서 등이 시리다고 두런두런"(「찬 뼈 보듬고」)하는 정경 묘사와 "마음 풀어헤쳐 억새처럼 흔들려봐야겠네/ 그들의 속내 헐어서/ 내 시간그물에 엮어봐야겠네"(「흔들려봐야겠네」)라는 화자의 방백은 대상과의 교감을 통해 스스로 자연의 질서 체계에 진입하고자 하는 시인의 의지를 드러내기에 전혀 부족함이 없다.

정혜옥 시인이 이처럼 자연과 함께 호흡하며 이른바 자연에 의한, 자연을 위한, 자연의 시를 고집하는 이유는 아직 선명하지 않다. 다만 새 시집에는 그 이해의 실마리가 도처에 산재해 있는데, 분명한 사실은 금번 시편들을 추동하는 핵심 동력이 대자연의 공간을 경유하며 인생의 본원적 의미를 성찰하고자 하는 시인의 순연한 마음과 무관하지 않다는 점이다. 정혜옥의 적지 않은 '자연시편'에 마음이 중첩되는 상황, 마찬가지로 그의 마음자리에 우주의 온갖 생명체들이 속속 집결하는 요인도 그래서이다. 이즈음 시인은 자연에 순응하며 지나온 시간들을 반추하거나 삶의 고유성을 도기禱祈하는 마음으로 그 자신의 시작詩作을 도모한다. 이런 측면에서 정혜옥의 시편들은 일단 시인 마음의 기록이자 자연의 영토에서 행한 일종의 고해성사라고 하겠다. 시집 『잠이 달콤하였다』는 자연을 활보하는 시인이 순정하고 겸허한 마음의 향연에로 독자를 초대하고 있는 것이다. 자, 그러니 이제 정혜옥이 주관하는 저 '네 번째' 마음의 향연에 우리도 동참하기로 하자. 시인 마음의 행로를 따라 "산언덕 억새바람 데리고 와 날개 달고/ 바다 한 귀퉁이 쓰윽 베어다" "일물일어 문장 입힌" "시의 집 한 채"(「옷 짓는 시인」)에 입장하기로 하자.

2.

정혜옥의 시세계를 떠받치는 핵심 인자가 '마음'이라고 했거니와 이 사실은 시집에 수록된 주요 시편들을 통해 어렵지 않게 확인된다. 가령, "수풀에 들어" "내 마음 끝에서 움트는 새순 소리도 섞여 흐르"는 것을 감지한 「수풀에 들어」가 그러하고, "목련 차"의 "처연한 황홀을 다발로 묶어/ 마음다락에 켜켜 쟁여" 둔 「목련 차」가 그러하며, "은목서"의 "향기에 묻혀 기웃되는 마음"의 "소란"을 적시한 「소란이 일고」가 그러하다. 더하여 "새벽별 같은 마음"과 "다소곳한 마음", "시도 때도 없이 설레고 싶은 마음"과 "닿지 않는 과녁에 빈 화살 걸어보는 마음", 여기에 "정처 잃은 마음"과 "속마음"이 가세한다. 이 시구들에는 공히 시인의 순정한 마음자리가 마련되어 있다. 서정적 주체의 절제된 마음이 동행한다.

그런가 하면, 또 이런 '마음'도 있다.

하지감자가 햇볕을 들이키느라
밭두렁이 술렁인다

숭숭 바람이 든
부스스한 흙을 북돋으며
마음도 함께 슬그머니 묻었더니

'함께'라는 슬그머니가 마음에 들었는지

하지夏至 속눈썹 제일 긴 뜨거운 날에
소금땀방울로 빚은
조랑조랑 흰 살 뿌리알들이 듬뿍 내게로 왔다

햇볕 쥐어짜는 여름 한낮이었다

―「'함께'라는 말」 전문

시집의 맨 앞에 포진한 「'함께'라는 말」은 현재 정혜옥의 마음[詩心]이 어디를 향하고 있는지를 분명하게 보여주는 작품이다. 먼저 이 시에는 두 개의 '마음'이 공존한다. 화자의 마음과 "하지감자"의 마음이 그것이다. 두 개의 마음은 상호 연동되어 있다. 시적 화자가 "부스스한 흙을 북돋으며/ 마음도 함께 슬그머니 묻었더니" "하지감자"가 "'함께'라는 슬그머니가 마음에 들어" "조랑조랑 흰 살 뿌리알들"을 "듬뿍" 안겨주는 형국이다. '함께'라는 부사어의 낱말풀이 그대로 작품 속의 행위 주체들은 '서로 더불어' 마음을 공유하고 있는 것이다. 이 장면을 시인은 어휘의 절묘한 배열과 유쾌한 말놀이를 통해 인상적으로 그려낸다. 다시 말해 "마음도 함께 슬그머니 묻었더니"의 부분은 "'함께'라는 슬그머니가 마음에 들어"와 같이 동일 단어의 의도적 재배치와 언어유희를 거쳐 두 마음이 포개지는 양상을 효과적으로 제시한다. 나아가 배려와 공감의 미덕으로 합일되는 인간과 자연의 원초적 관계성을 입체적으로 견인한다.

정혜옥 특유의 탁발한 언어감각과 수사적 장치의 효율적

활용이 단연 돋보이는 「'함께'라는 말」은 현 단계 시인의 마음상태를 간명하게 파악할 수 있다는 점에서 주목된다. 특히 이 시에 동원된 몇몇 시어들은 그 자체로 시인의 내면의식을 엿보게 한다. "들이키느라" "술렁인다" "북돋으며" "하지夏至 속눈썹" 등이 여기에 해당한다. 대상을 의인화한 이 시어들은 시적 주체의 우주적 일체감을 극명하게 드러낸다. 주체 중심의 이분법적 사유를 가볍게 전복시킴으로써 시상 전개의 매끄러움과 안정감을 가져오는데 일조한다. 그로 인해 "하지夏至"의 "햇볕"과 "바람"과 "흙"과 "소금땀방울"이 공모한 「'함께'라는 말」은 자연과 마주하는 시인의 마음을 새 시집에 성공적으로 포석한다. 그것도 "햇볕 쥐어짜는 여름 한낮" "밭두렁"의 평범한 생활세계에서 그야말로 "슬그머니" 말이다.

적막이 길 잃고 몸을 뒤챈다

먼 길 돌아온 가을비가 가을에게 스미는 밤

자박자박 다가와 문지방에 서 있는 그에게

가을아,
부르다 목에 멘다

겨울을 서두르는 낯빛이 창백하구나
열매였을 때를 돌아보는 노산의 뒷모습처럼

남긴 발자국에 핏물 서리는 가을 아프고 곱다

때를 기다리는 마음에 가시가 돋고
가시가 침이 되어 고름을 삭이는

적막이 감은 눈을 뜨는 그때가
마음 생기는 그때라고 가을비가 가을에게 넌지시,

—「가을비가 가을에게」 전문

어쩌면 '슬그머니'라는 단어는 의외로 정혜옥의 시세계를 특징짓는 상징적 기표일지도 모른다. '남이 알아차리지 못하게 슬며시, 넌지시' 또는 '혼자 마음속으로 은근히, 천천히'와 같은 언어의 의미 영역을 거느리는 저 어사는 이제껏 그의 시가 내장한 잠재적 성향을 공동적으로 대변하는 까닭이다. 실제로 정혜옥의 시편들은 주제를 선정하고 전달하는 과정에서 요란을 떠는 법이 없다. 자신의 생각을 강박적으로 표출하거나 자연(예술)철학의 입장에 대한 독자들의 선택을 맹목적으로 강요하지도 않는다. 오히려 그의 시는 은근하고 느긋하게, "조곤조곤 다독이"듯이 자신만의 이야기를 전언한다. 예민한 감각과 독자적인 사유구조와는 별개로 텍스트의 여백과 작품 해석의 가능성을 충분히 열어 놓는다.

그래서일까. 정혜옥의 시편들에는 쓰기 주체의 단호하면서도 선언적인 의지가 좀처럼 느껴지지 않는다. 이와 아울러 문장부호 '마침표(.)'를 대동한 정의와 지정의 쓰기 전략을 여간해서 찾아보기 어렵다. 대신에 시인은 입말체의 정겨운 어조로 내면의 이야기를 풀어놓는다. 쓰기 주체가 단정적으로 고지하는 경직된 태도를 멀리하고, 타자의 '내력'을 따뜻한 연민의 시선으로 묘사하거나 대화체의 말하기 방식을 선호한다. 이 과정에서 종종 시인은 주체의 자리마저 타자에게 양보하기도 한다.

「가을비가 가을에게」는 이러한 정혜옥 시세계의 한 특성을 단적으로 보여준다. 제목이 지시하듯이 이 시는 표층적으로 대화체의 형식으로 구조된다. 당연한 얘기겠지만, 말하는 주체는 "가을비"이고 청자는 "가을"이다. "가을에게" 전하는 "가을비"의 전문은 각각의 연과 행간에 소상하다. 요약하면, "적막이 감은 눈을 뜨는 그때가/ 마음 생기는 그때"라는 마지막 연의 내용으로 정리된다. 결국 작품에서 "가을비가 가을에게 넌지시," 건네는 이야기는 어떤 마음이 생겨나는 "그때"에 관

한 것이다. 그리고 "그때"의 마음은 "기다리는 마음에 가시가 돋"는 "때(단계)"와 "가시가 침이 되어 고름을 삭이는" "때(과정)"를 거쳐 "적막이 감은 눈을 뜨는" "때(시기)"가 되어야 비로소 생성된다. 그런데 이 "가을비"가 부조하는 마음의 형상은 어쩐지 우리에게 이미 익숙하지 않은가. 혹여 "빛은 간 데 없고 그늘로 앉은 내 무게의 나이테"를 "왼 종일 닦"으며 "뉘우침 빼곡한 하루"의 감회를 읊은 저 「마루에게 묻는 아침」의 "다소곳한 마음"은 아닐 것인가. 또 자연공간을 순유하며 "갓길 삶도 향기 남아 있나 헤집어 보"던 「자연 속의 코러스」의 "정처 잃은 마음"이 아니겠는가. 거기에 "민들레와 내 유년이 나란한" "가난이 따뜻한 집"(「텅 비어 가득한 집」)에 대한 회상과 "정읍역" "늙수그레한 아주머니 한 분"의 "수척한 등"에서 "만추의 들녘"(「그녀의 등」)을 연상하는 시선, "순리의 옷은 저절로 생겨 이어지는 것"(「물꼬는 어디에」)이라는 자각은 "가을비"가 전하는 마음의 또 다른 표정들이지 않겠는가.

이렇게 볼진대 「가을비가 가을에게」는 어느덧 인생의 '가을'을 통과하며 삶의 연륜을 쌓은 실존의 겸허한 내면 고백이다. 생성과 소멸, 상승과 하강이라는 자연의 시간질서를 무한대로 승인하며 타자를 향해 따뜻한 연민의 시선을 보내는 주체의 숙성된 마음의 흔적이다. 그러므로 "이즈음에선 마당가 조팝 젖가슴도 만져보고/ 하늘가 추운 샛별에게 안녕도 헤아려보고" 싶다는 독백과, "매미의 필사적 우화 찰나에 티끌 되는 거/ 기세등등한 나도 그들이나 다를 바 없는 거/ 언제쯤 뼛속까지 새길 건지"(「잠이 달콤하였다」)라는 시인의 "깨달음"은 결코 과장이나 종교적 차원의 포즈가 아니다. 시집의 곳곳에 스며있는 저 마음들은 젊은 날의 부질없는 욕망을 되돌아보고 삶의 불순물을 걸러내어 자기 내면의 세계로 차분하게 가라앉은 존재의 맨 얼굴이다. 이렇듯 정혜옥 시인은 생의 '가을'을 지나는 '적막'한 마음과 정제된 심리상태를 우주론적 실재와 자연의 내면 풍경에 의탁하여 우리에게 전교轉交한다. "슬그머니" 혹은 "넌지시".

3.

정혜옥 시인이 삶의 연륜에서 우러난 온유한 언어들로 차근하게 마음을 전송하는 방식은 다른 경로를 통해서도 재차 파악할 수 있다. 이 시들은 특히 "~네" "~네요" "~지요" "~군요" "~거지요" "~거예요" "~니다" "~나 봅니다" 등의 종결어미를 공유함으로써 낮은 자세로 인생과 자연의 생리를 터득해 하는 시인의 심리상태를 가시화한다.

한겨울 구례 산동 가로수 길/ 적멸 속 순홍색 숨소리가 뜨거웠네// 사계절 한 몸에 품고 있는/ 산수유나무는 태양을 통째 싸안고 늠름하네// 매달린 열매들은 마른 젖꼭지 물고 내내 수유 중이고/ 노란 꽃봄은 아직 엄마의 자궁 안에 은거중이네// 끝내 떨어지지 않겠다는 목숨 내건 빨간 꼭지의 다짐들// 꾹, 짜내면 핏물 젖은 진액 한 방울/ 대지를 흥건히 적실 것이네// 산수유 붉은 숨길/ 산동길에 그을음 없는 호롱 켜고// 눈 쌓인 담장 너머에 있는/ 봄 고삐 꼭 쥐고 있네

—「순홍색 숨소리가 뜨거웠네」 전문

무안 공항 뒷길 억새떼는/ 바람의 혈맥으로 비행기의 이륙을 듣습니다// 그들도 시발음이나 실오라기 연기여도 좋을/ 살아온 날의 지문 하늘가 어디라도 남기고 싶습니다// 어스름 밀려드는 시간이 되면/ 바람의 한 목소리로// 시린 발목 만지작거리며/ 어둠은 이제 쓸쓸하다고 투정입니다// 들판에서 무더기 무더기로 어깨가 가지런하면서도// 찬 뼈 보듬고/ 혼자여서 외롭다고/ 혼자여서 등이 시리다고 두런두런입니다

—「찬 뼈 보듬고」 전문

일전에 프랑스의 철학자 앙리 프레데릭 아미엘(Henri-Frédéric Amiel)은 자신의 『일기』에서 "세상 모든 풍경은 마음의 풍경"이라고 선언한 바 있다. 시선의 주체가 바라보는 세계의 형상에는 어떤 형태로든 사색자의 내면이 개입되

어 있다는 뜻이다. 그런데 하물며 그것이 서정시의 경우라면 사정은 더욱 말할 나위가 없을 것이다. 서정시는 본질적으로 마음의 작업이고, 따라서 쓰기 주체가 주조하는 세계의 풍경이란 곧 시인 마음의 풍경에 다름 아닌 까닭이다. 도입부에서 언급하였듯이 정혜옥의 시편들은 이러한 서정시의 기원적 성격, 바꿔 말해 장르적 특성을 끊임없이 환기한다. 그의 시는 세계의 풍경을 내면화하여 시선/ 쓰기 주체의 마음을 밀도 있게 현상한다.

「순홍색 숨소리가 뜨거웠네」는 시선 주체가 '마음의 풍경'을 재현하는 "붉은 숨길"의 현장이다. 시·청각과 촉각의 이미지가 총동원된 이 시는 "사계절 한 몸에 품고 있는/ 산수유나무"에 주체의 마음을 오버랩하여 자연의 원초적 성격을 감각적으로 노래한다. 이 시의 "한겨울 구례 산동 가로수 길"의 "사계절 한 몸에 품고 있는 산수유나무"와 "눈 쌓인 담장 너머"의 정경은 자연의, 그야말로 자연스러운 풍경에 지나지 않는다. 하지만 그 배면에는 생명체의 "늠름"한 자태와 "목숨 내건 빨간 꼭지의 다짐들"을 인지하는 시인의 마음이 전반적으로 드리워져 있다. "마른 젖꼭지 물고 내내 수유 중"인 "열매들"과 "아직 엄마의 자궁 안에 은거 중"인 "노란 꽃봄"은 정혜옥의 시의식이 축조하는 세계의 또 다른 풍경인 것이다.

말할 것도 없이 여기에는 자연의 생명력과 순환론적 체제를 긍정하고 승인하는 시인의 마음이 오롯이 담겨있다.

마음의 작업을 통한 풍경의 전이 양상은 「찬 뼈 보듬고」의 경우에도 마찬가지로 포착된다. 이 시 "무안 공항 뒷길 억새 떼"의 전경은 정혜옥의 시적 공정을 거치면서 "억새떼"의 내면풍경으로 거듭난다. 그 내면풍경이 "바람의 혈맥"과 "살아온 날의 지문", "시린 발목"과 "찬 뼈 보듬고" "혼자여서 외롭다고/ 혼자여서 등이 시리다고"의 시구처럼 공감과 연민의 정서로 재생되고 있음은 물론이다. 「찬 뼈 보듬고」에서 시인은 평범한 "뒷길"의 풍경 위에 마음을 덧칠함으로써 심리적 공감대를 형성하고 있는 것이다. 이런 측면에서 연민과 공감, 긍정과 배려의 마음은 현재 정혜옥의 시세계를 감싸 안은 견고한 정서적 외피로 보아도 좋을 듯하다. 각별하게는 자연사물과 온갖 생명체의 내력을 그 자체로 인정하고 포용한 시편들이 구체적 대상일진대, 이 시들이 내포하는 포월匍越과 환대의 정신은 이제껏 정혜옥의 세계 이해방식을 대변한다고 하겠다.

이 지점에서 한 번 더 짚고 넘어가야할 사항은 이번 정혜옥의 시편들에 특정 종결어미의 활용이 반복적으로 목격된다는 점이다(이들 종결어미는 대체로 각 연의 말미에 위치함으로써 라임(rhyme)을 살려 운율미를 강조하는 기능을 한다). 이 사안을 시인의 의도적 선택행위와 연관시키는 일은 물론 쉽지 않은 작업이다. 그러나 시인이 의식했든, 그렇지 않든 그의 시에 유사 종결어미가 자주 발견된다는 사실은 쓰기 주체의 세계 이해방식과 연계하여 거듭 강조해 두고 싶다. 그 겸허하면서도 해학적인, 또 낭만적이고 포월적인.

붕어빵 굽는 비닐 천막이 돌담 모퉁이에 들어섰다/ 노부부 생존의 마지막 눈 비벼 뜨는 잔여물이다// 펄럭이는 비닐 덮개에 눈은 쌓이고 호객의 배불뚝이 붕어들 구수한 냄새가 눈길 위 낙엽처럼 질펀하다// 벌겋게 달아오른 조개탄 위에서 그들 막바지 바람막이/ 모퉁이의 여정 노을처럼 타들어간다// 이젠, 자라지도 않는 무딘 슬픔의 두께가 한꺼풀씩 조개탄 불티로 흩날린다

—「밤 고갯길」 부분

— 청상으로 유복자 아들 데리고 시집살이 맵게 하던 시어머니, 보릿가시 찔린 듯 가슴 아렸다던 굶주림의 덫 거기 못 박혀 있었구나// 보리가 익었네/ 쓰러져서도 고개 빳빳이 쳐든 채/ 머리에 가시관 쓴 보리하늘이 익었네/ 앙상한 생의 뒤란에서/ 아들 하나 알토란으로 키워 낸 우리 시어머니처럼/ 제 알갱이 잘도 익혀냈네

—「가시관 쓴 보리하늘」 부분

정혜옥의 시편들이 자연공간을 주유하며 삶의 본래성을 추적하는 마음의 향연이라면, 이 성대한 축제에 자연의 마음을 지닌 사람들을 시인이 청초請招하지 않을 리 만무하다. 시인에게 자연은 지질학적·지리적 공간 차원을 넘어, 세계의 본원성과 고유성이 실재하는 "내 마음"속의 우주와 대상존재로 확장/ 인식되는 까닭이다. 이런 연유로 그의 시에는 자연의 마음을 지닌 사람들이 빈번하게 등장한다. 자연을 닮아가는 사람들이 옹기종기 모여 산다. "앙상한 생의 뒤란에서/ 아들 하나 알토란으로 키워 낸 우리 시어머니"는 그들 중의 한 명이다. "이젠, 자라지도 않는 무딘 슬픔의 두께"로 남은 생을 마지막까지 버텨내는 "붕어빵 굽는" "노부부" 역시 정혜옥이 지정한 '자연'이라는 마을에 살고 있다. 이들의 삶은 가난과 고통으로 점철된 시간들일지언정 묵묵히 자기 생을 정직하게 운용해왔다는 점에서 일치한다. 마치 "한 번쯤 자리 옮겨/ 마른 땅에 마음 한 꼭지라도 펼치고 싶었을,// 구례 백무동 한신 계곡"의 "돌바위들"이 "묵묵부답 묻어놓고"(「묵묵부답 묻어놓고」) 그런 것처럼 말이다. 이외에도 시인은 "엄마 가신지 몇 달이나 지난 전화번호 꾹꾹 눌러" "수신되지 않는 적막이 뗏장으로 쌓여 울컥,"하는 이름 모를 "소년"(누구세요?-공중전화 부스에서 울컥」과 "정읍역"에서 우연히 만난 "아주머니"마저도 시적 자연의 풍경 속으로 끌어들인 듯하다. 돌아가신 엄마를 향한 소년의 안타까운 마음과 "텅 빈 젖가슴 보듬고 들녘 바라보는" 정읍역 아주머니의 사연에는 종천지통終天之痛과 모성애가 확산하는 자연 생명의 본성이 고스란히 담겨 있다.

새벽하늘에 통통 별들 행군/ 빛발 퉁기는 걸 보니/ 오늘은 별밭을 일구려나 봅니다// 며칠째,/ 강마르거나 질척이거나/ 헤매다 포기하다 곡괭이마저 내던진 하늘/ 흐린 마음 거두고// 별들에게 오늘 고랑밭 내놓으려나 봅니다// 고랑밭에 씨앗별 심겨지면/ 오병이어 기적으로 별알곡들 아름아름 열리겠지요// 우리도 빛 망토 두른/ 자식도 빛나는, 하늘에 총총 빛나는 별들이지요// 아버지 미간 주름이 길러낸 별/ 어머니 열무 단 묶어 길러낸 별들이지요// 시고 달디 단 가을 길 밝히는,

—「씨앗별」 전문

어둠 속을 걸을 때/ 길 끝에 서 있을 때 눈이 더 밝아지지요/ 그루터기로 남은 아버지 목소리가 내게 온 것처럼// 아버지가 등대라고 바람은 몸으로 말해요// 소낙비 몰고 왔다가/ 젖은 땅 말리다가/ 덜 익은 알맹이에게 햇살 물리다가// 궁리에 궁리 중/ 오돌토돌 호두처럼 단단한 열매를 맺게 한

다는 걸요// 소요騷擾의 늪에서 혼자 어두워질 때/ 난바다 등대인 아버지가 새벽별자리 쥐어주면// 바람의 열매처럼/ 차오른 울음 한 권에 밀치고 불끈 일어서지요

—「어둠 속을 걸을 때」 전문

피붙이 어른어른 하늘 맑은 곳/ 가난이 따뜻한 집// 문고리는 여전히 거기 달랑이고 있지// 민들레와 내 유년이 나란한 곳// 울타리 너머 냇물소리 맑고/ 잠든 구석마다 달빛 스미고// 낡은 멍석 한 자락씩 들추면/ 휴면休眠에 든 옛 얘기들 귀 번쩍 눈을 뜨지// 연년생 자식들 기르느라 마를 새 없는 엄마 젖가슴 내음/ 달달 새콤한 다정이 고인// 텅 비어 가득한 집// 들바람 넘나드는 대문 활짝 열고/ 꿈길 찾아 꿈길로 어린 단잠에 들고 싶네

—「텅 비어 가득한 집」 전문

아무래도 정혜옥의 시세계에서 또 다른 '자연'을 대표하는 사람들은 "아버지"와 "어머니(엄마)"일 것이다. 단언컨대 이들의 삶에는 자연의 내력과 천연의 덕목들이 빼곡하게 이월되어 있다. 그곳의 내면 풍경이 파노라마처럼 펼쳐진다. 모성성과 자기희생, 주변 이웃을 향한 상호 배려와 존중과 환대, 무욕과 비움과 포월의 정신은 그 세부 항목들이다. 거기에 생명에 대한 따뜻한 위로와 격려, 삶을 대긍정하는 무한

사랑은 덤으로 주어진다.

인용 시는 자연의 내면 풍경 속으로 그 분들을 소환한 작품이다. 먼저 이 시들에서 아버지는 "그루터기로 남은 아버지" 또는 "난바다 등대인 아버지"로 호명된다. 그는 "애틋한 딸"(「아버지와 맥주 한 잔」)이 일상의 "어둠 속을 걸을 때", "소요騷擾의 늪에서 혼자 어두워질 때"마다 "너는 혼자가 아니라고 일깨워주는"(「수풀에 들어」) 대자연적 존재이다. "새벽별자리"로 표상된 희망과 용기, 격려와 위로의 마음을 항시 건네주는 실존의 "그루터기"이다. 그러므로 시인(혹은 모든 사람들)에게 아버지는 결코 잊을 수도, 잊히지도 않는 영원한 자연의 실체이다. 더욱이 우리 모두는 아버지의 끝 간 데 없는 희생과 헌신, 저 위대한 자연인 "아버지 미간 주름이 길러낸" "하늘에 총총 빛나는 별들"이 아니던가.

동일한 맥락에서 우리 모두는 "어머니 열무 단 묶어 길러낸 별들"이기도 하다. 사실 문학예술의 영역에서 어머니는 그 이름만으로도 헌신과 사랑의 정서를 불러 모은다. "연년생 자식들 기르느라 마를 새 없는 엄마의 젖가슴 내음"처럼 대지적 모심과 수유적 모성애를 환기한다. 그러므로 정혜옥에게 또 우리 모두에게 어머니는 "내 안 켜켜에"(「겨울 화폭」) 간직된 숭고한 자연이다. 생명의 잉태, 연민과 희생, 이해와 배려, 나눔과 비움의 "말씀으로 지은"(「잠이 달콤하였다」) 신앙이고 종교다. "가난이 따뜻한 집"이라거나 "텅 비어 가득한 집"과 같은 인용시의 모순어법이 아무런 장애 없이 역설적으로 통용될 수 있는 이유도 그 때문이다. 시인에게 어머니의 존재는 "우주를 내려놓는 갓난아기의 첫 모습"의 순수 자연으로, 더하여 우주 만유의 근원으로 인지되는 것이다. 비록 지금은 엄마가 "묘지 유리벽 속"에 계신다고 해도, 변함없이 그렇다.

이렇게 보면 인용 시편들은 자연의 마음으로 살다간 부모님에 대한 사무치는 그리움의 보고서라고 할 것이다. 동시에 이 시는 그분들께 바쳐진 정혜옥의 절절하고 "애틋한" 헌사이다. 그렇기에 시인은 저 위대한 두 '자연'을 향한 존경과 사랑과 감사의 마음을 굳이 숨기지 않는다. 드물게 직설화법을 구사한다. "아버지가 등대라고 바람은 몸으로 말해요"와 "어머니에게 '천사'라는 이름을 달아주고 싶습니다"(「엄마는 하,」)는 이 근방에서 길어 올린 극대치의 찬사이다. 그것이 최대치의 찬사이자 헌사인 이유는 "자연(바람)"의 언어와 몸짓으로, 종교적 상상력의 차원에서 수행된 시적 정의이기 때문이다. 정혜옥 시인에게 그의 부모님은 신앙이며 종교이자 위대한 자연이라는 지정은 이러한 의미에서였다.

4.

한 시인이 자연을 경유하여 인생의 참된 의미를 탐색하고자 할 때, 가장 좋은 방법은 스스로 자연의 내면 풍경 속으로 일단 들어가 보는 것이다. 거기서 시인은 자연을 구성하는 타자들과 만나 그들의 언어와 문법을 배우고 익히면 된다. 그러나 시인은 그럴 수 없다. 그는 어쩔 수 없이, 인간이기 때문이다. 그래서 시인은 낭만적 분위기를 조성하여 자기만의 대화법을 개발한다. 상징과 은유의 언어를 구사하고 때로는 의인화의 장치를 동원하여 슬그머니, 시적 대상에의 동화를 감행한다. 특정 종결어미를 적극적으로 차용하거나 "조랑조랑" "통통" "총총" "들락날락" "애면글면" "어리어리" "낭창낭창" "건정건정"과 같은 재기 넘치는 부사어를 적확한 지점에 배치하여 "일물일어 문장 입힌" "시의 집 한 채"를 지어낸다. 이 과정에서 시인은 자연 속 타자들이 전송하는 "수화"와 몸짓의 언어를 읽어내며 그곳의 내면 풍경을 순조롭게 연출한다. 그뿐 아니라 자연의 마음을 지닌 사람들과 함께 그 자신, 또 하나의 자연이 되어가며 인생과 자연의 원리를 겸허한 자세로 학습한다. 사랑과 헌신, 이해와 배려, 긍정과 연민, 낭만과 포월, 생성과 소멸, 그리고 "함께"라는 마음 등등.

이로 미루어 보면, 한 편의 시에는 어떤 형태로든 시인의 언어철학과 자의식이 투영되어 있다고 하겠다. 언어는 인간 사유의 총체적 양식이고 시는, 서정시는 언어를 정제한 문학 예술이다. 정혜옥의 네 번째 시집 『잠이 달콤하였다』는 시인의 언어철학과 자의식이 추진한 예술적 결과물이다. 인생과 자연의 내면 풍경에 관한 애틋하면서도 황홀한 시적 서사이자, 시인의 내면을 차분하게 성찰한다는 점에서 정직한 자기 고백서이기도 하다. 새 시집에서 시인은 발군의 언어감각과 균형 잡힌 사유 및 참신한 이미지들로 이 내용들을 실시간으로 전송한다. 자연의 타자들과 미학적 이해를 도모하며 저 정겨운 마음의 향연에로 독자를 슬그머니 초대한다. 그 결과, 나는 시집 『잠이 달콤하였다』에 대해 다음과 같이 명명하고 싶다.

'슬그머니, 타자들과 함께하는 마음의 향연!' 이라고.

현대시학시인선 133

잠이 달콤하였다

초판 1쇄 발행 2023년 9월 7일

지은이 정혜옥
발행인 전기화
책임편집 고미숙

발행처 현대시학사
등록일 1969년 1월 21일
등록번호 종로 라 00079호
주소 서울시 종로구 계동길 41
전화 02. 701. 2341
블로그 http://blog. daum. net/hdsh69
이메일 hdsh69@hanmail. net
배포처 (주)명문사 02. 319. 8663

ISBN 979-11-92079-91-2 03810

○ 책값은 뒤표지에 있습니다.

○ 이 책은 광주광역시 GWANGJU CITY 광주문화재단 지역문화예술육성지원사업으로 지원 받아 제작하였습니다.